全国技工院校汽车维修专业（中级技能层级）

汽车结构（第二版）习题册

曾国文◎主编

中国劳动社会保障出版社

简介

本习题册是全国技工院校汽车维修专业教材（中级技能层级）《汽车结构（第二版）》的配套用书。内容紧扣教材的教学要求，注重基础知识的巩固和基本能力的培养，知识点分布均衡，题型丰富，难易适当，有助于学生复习巩固所学知识。

本习题册由曾国文任主编，蔡戴忆、黄伟业参与编写。

图书在版编目（CIP）数据

汽车结构（第二版）习题册 / 曾国文主编 . -- 北京：中国劳动社会保障出版社，2023
全国技工院校汽车维修专业：中级技能层级
ISBN 978-7-5167-5973-8

Ⅰ. ①汽…　Ⅱ. ①曾…　Ⅲ. ①汽车 - 结构 - 高等职业教育 - 教材　Ⅳ. ①U463

中国国家版本馆 CIP 数据核字（2023）第 185159 号

中国劳动社会保障出版社出版发行
（北京市惠新东街 1 号　邮政编码：100029）
*
三河市华骏印务包装有限公司印刷装订　新华书店经销
787 毫米 ×1092 毫米　16 开本　5 印张　101 千字
2023 年 10 月第 1 版　2023 年 10 月第 1 次印刷
定价：10.00 元

营销中心电话：400-606-6496
出版社网址：http://www.class.com.cn
http://jg.class.com.cn

目 录

单元一　汽车总体构造

课题❶　汽车的分类和组成

一、填空题

1．汽车是指由________驱动，具有____个或____个以上车轮的非轨道承载的车辆。

2．汽车主要用于载运______或______、牵引载运______或______的车辆或特殊用途的车辆。

3．根据车辆的设计和技术特性，汽车分为__________和__________两类。

4．_________是指在设计、制造和技术特性上主要用于载运乘客及其随身行李或临时物品的汽车。

5．双门小轿车有____个侧门，也可有1个后开启门。

6．敞篷车车顶可为____顶或____顶。

7．商用车辆按照用途分为______、__________和__________等。

8．__________由两节或三节相通的刚性车厢铰接组成，乘客可通过铰接部分在两节车厢之间自由走动。

9．汽车由__________、______、__________和______四大部分组成。

10．电源包括_________和_________。

二、选择题

1．对于与电力线相连的车辆，如无轨电车，以及整车整备质量超过（　　）kg的三轮车辆，也可视作汽车。

A．400　　B．300　　C．200　　D．100

2．乘用车包括驾驶员座位在内最多不超过（　　）个座位。

A．8　　B．9　　C．10　　D．11

3．普通乘用车有4个或4个以上座位，至少（　　）排。

A．一　　B．两　　C．三　　D．四

4．活顶乘用车是具有固定侧围框架的（　　）车身。

A．可开启式　　B．固定式

C．封闭式　　D．半封闭式

5．仓背乘用车车身为（　　），侧窗中柱可有可无。

A．封闭式　　B．开放式

C．半封闭式　　D．都可以

6.（　　）是在其设计上所有车轮同时驱动，或其几何特性、技术特性和性能允许在非道路上行驶的一种乘用车。

A．越野乘用车　　B．旅居车

C．救护车　　D．短头乘用车

7.（　　）是一种一半以上的发动机长度位于车辆前风窗玻璃最前点以后（纯电动汽车与燃料电池电动汽车除外），并且转向盘的中心位于车辆总长的前 1/4 部分内的乘用车。

A．防弹车　　B．救护车

C．短头乘用车　　D．多用途乘用车

8．客车是指在设计、制造和技术特性上用于载运乘客及其随身行李，包括驾驶员座位在内座位数超过（　　）个的汽车。

A．9　　B．30　　C．10　　D．20

9.（　　）是一种牵引杆式挂车的货车，它本身可在附属的载运平台上运载货物。

A．全挂牵引车　　B．越野货车

C．多用途货车　　D．专用作业车

10.（　　）用于容纳驾驶员、乘客和货物，并构成汽车的外壳。

A．车身　　B．发动机

C．电气　　D．底盘

三、判断题

1．高级乘用车前后座之间不可设隔板。（　　）

2．小型客车是指用于载运乘客，除驾驶员座位外，座位数不超过 16 座的客车。（　　）

3．长途客车允许乘客站立。（　　）

4．旅游客车是一种为旅游设计和制造，专门用于载运游客的客车，其还特别设置了乘客站立区。（　　）

5．越野客车是在其设计上所有车轮同时驱动或其几何特性、技术特性和性能允许在非道路上行驶的一种车辆。（　　）

6．汽车电源包括发电机和发动机。（　　）

7．车身包括车门、车窗、车锁、内外装饰件、附件、座椅及车前各钣金件等。（　　）

8．专用货车是设计、制造和技术特性上，用于运输特殊货物或载货部位具有特殊结构的载货汽车。（　　）

9．汽车的动力装置只有发动机。（　　）

10．汽车空调属于汽车的电气设备。（　　）

四、简答题

1．汽车底盘有什么作用？

2．汽车车身有什么作用？

3．乘用车有哪些特征？

4．客车有哪些特征？

课题❷　车辆识别代号和技术参数

一、填空题

1．____________是为了识别某一辆车，由车辆制造厂为该车辆指定的一组字码。

2．车辆识别代号由______和__________组成。

3．车辆识别代号由________________（WMI）、____________（VDS）和____________（VIS）三部分组成。

4．从______中可以识别出该车的生产国家、制造厂家、汽车类型、品牌名称、车型系列、车身形式、发动机型号、车型年款等信息，它是汽车修理、配件选购的重要依据。

5．每一车辆具有______的车辆识别代号。

6．国际车辆识别代号简称______。

7．汽车的主要特征和技术特性随所装用的______类型和特性的不同而不同。

8．____________包括润滑油、燃料、随车工具、备胎等所有装置的质量。

9. ________主要用于识别汽车的生产年份、装配厂、生产顺序号。

10. 一般来讲，整车装备质量大的汽车高速行驶时的________好。

二、选择题

1. 车辆识别代号总共有（　　）位。

A. 16　　B. 17　　C. 18　　D. 19

2. 从车辆识别代号的第（　　）位可以识别出该车的生产地区。

A. 1　　B. 2　　C. 3　　D. 4

3. 从车辆识别代号的第（　　）位可以识别出该车的生产国别。

A. 1　　B. 2　　C. 3　　D. 4

4. 从车辆识别代号的第（　　）位可以识别出该车的生产制造厂。

A. 1　　B. 2　　C. 3　　D. 4

5. 车辆识别代号的（　　）部分是车辆说明部分。

A. WMI　　B. VIN　　C. VDS　　D. VIS

6. 最高车速是指汽车在（　　）道路上行驶时能达到的最大速度。

A. 平直　　B. 弯曲

C. 一半平直一并弯曲　　D. 随机

7. 车辆识别代号的第（　　）位用于识别汽车的生产年份。

A. 8　　B. 9　　C. 10　　D. 11

8. 车辆识别代号的 WMI 部分总共有（　　）位。

A. 3　　B. 4　　C. 5　　D. 6

9. 一般来讲，整车装备质量大的汽车使用成本（　　）。

A. 减少　　B. 增加

C. 不变　　D. 以上都有可能

10. 汽车的轴距大小直接影响汽车的（　　）。

A. 长度　　B. 宽度　　C. 速度　　D. 高度

三、判断题

1. 一般来讲，整车装备质量大的汽车高速行驶时的稳定性好，特别是急转弯或紧急制动的时候，优势很明显。（　　）

2. 一般来讲，整车装备质量大的汽车油耗会高些，使用成本增加。（　　）

3. 汽车离地间隙越大，汽车的行驶稳定性越好。（　　）

4. 汽车的离去角越大，车辆从陡坡下来后保险杠越不容易被卡住。（　　）

5. 汽车转弯半径越大，转弯越灵活。（　　）

6. 接近角越大，汽车在上下渡船或进行越野行驶时，就越不容易发生触头事故，

汽车的通过性能就越好。 （　　）

7．轴距越长，内部使用空间越大，但汽车的机动性变差。 （　　）

8．车辆识别代号全部由数字组成。 （　　）

9．车辆识别代号一般位于左风挡仪表盘等位置。 （　　）

10．车辆识别代号能识别汽车的生产月份。 （　　）

四、简答题

1．什么是汽车的接近角，对汽车有什么影响？

2．什么是汽车的离去角，对汽车有什么影响？

3．从 VIN 中可以识别出车辆的什么信息？

4．汽车的质量参数有哪些？

单元二　汽车发动机

课题1　发动机总体构造

一、填空题

1. ____________是汽车的动力源泉，为整个汽车提供动力。

2. 发动机的作用是使输送进气缸内的燃料燃烧而产生__________。

3. 按完成一个工作循环所需的行程数，发动机可分为________内燃机和__________内燃机。

4. 按冷却方式不同，发动机可分为_____发动机和_____发动机。

5. 按气缸数目不同，发动机可分为_____发动机和_____发动机。

6. 按气缸排列方式不同，发动机可分为________和________。

7. 发动机完成进气、压缩、做功和排气四个过程称为一个__________。

8. 活塞在气缸里做往复直线运动，活塞顶部距离曲轴旋转中心最近的极限位置称为________。

9. 气体压缩前的容积与气体压缩后的容积之比值，即气缸总容积与燃烧室容积之比称为________。

10. 曲轴旋转中心到曲柄销中心之间的距离称为__________。

二、选择题

1. 双列式发动机把气缸排成两列，两列之间的夹角小于180°（一般为90°）称为（　　）型发动机。

A. V　　B. W　　C. M　　D. U

2. 双列式发动机把气缸排成两列，两列之间的夹角等于180°，称为（　　）发动机。

A. 对置式　　B. 横置式　　C. 直列式　　D. 纵置式

3.（　　）是指活塞在气缸里做往复直线运动，活塞顶部距离曲轴旋转中心最远的极限位置。

A. 下止点　　B. 上止点　　C. 活塞行程　　D. 压缩比

4.（　　）行程开始，活塞下移，气缸内容积增大，压力减小。

A. 压缩　　B. 排气　　C. 做功　　D. 进气

5. 活塞从下止点向上止点运动，这时进气门和排气门都关闭，气缸内形成封闭容积，可燃混合气压力和温度不断升高，这个行程是（　　）行程。

A. 压缩　　B. 排气　　C. 做功　　D. 进气

6. 当活塞位于压缩行程接近上止点位置时，火花塞产生电火花点燃可燃混合气，可燃混合气燃烧后放出大量的热，使气缸内气体温度和压力快速升高，开始（　　）行程。

A. 压缩　　B. 排气　　C. 做功　　D. 进气

7.（　　）发动机一般采用点燃式。

A. 汽油　　B. 柴油

C. 煤油　　D. 以上都是

8. 在压缩行程接近上止点时，喷油器将高压（　　）以雾状喷入燃烧室，在气缸内形成可燃混合气并着火燃烧。

A. 汽油　　B. 柴油

C. 煤油　　D. 以上都是

9.（　　）发动机一般采用压燃式。

A. 汽油　　B. 柴油

C. 煤油　　D. 以上都是

10. 现代汽车的发动机冷却一般采用（　　）。

A. 风冷式　　B. 水冷式

C. 油冷式　　D. 无需冷却

三、判断题

1. 四行程柴油机在进气行程和压缩行程中使用的都是纯空气而不是可燃混合气。（　　）

2. 汽油机的压缩比一般比柴油机的压缩比高。（　　）

3. 四行程发动机一个工作循环曲轴旋转 720°。（　　）

4. 二行程发动机一个工作循环曲轴旋转 180°。（　　）

5. 现代汽车发动机冷却方式一般采用风冷。（　　）

6. 柴油发动机不需要点火系统。（　　）

7. 汽油发动机一般采用压燃式发动机。（　　）

8. V 型发动机的两列气缸夹角等于 180°。（　　）

9. 柴油黏度大，不易蒸发，自燃温度低，因此柴油机可燃混合气的点火方式是压燃式。（　　）

10. 活塞从一个止点到另一个止点移动的距离，即上、下止点之间的距离称为活塞行程。（　　）

四、简答题

1．汽车发动机由哪两个机构和哪五个系统组成？

2．汽油发动机有哪些特点？

3．什么是气缸工作容积？

4．什么是发动机排量？

课题2 曲柄连杆机构

一、填空题

1．______是构成发动机的骨架，是发动机各机构和各系统的安装基础。

2．机体组主要由________、_________、_________和________等零件组成。

3．气缸体上半部有若干个为活塞在其中的运动作为导向的圆柱形空腔，称为______。

4．气缸体和上曲轴箱通常制成一体，由________或________铸造。

5．根据气缸体与油底壳安装平面的位置不同，通常把气缸体分为_________、__________和_________三种。

6．气缸体下部用来安装曲轴的部位称为_________。

7．_________安装在缸体与缸盖之间，保证气缸体与气缸盖之间的密封，防止漏气、漏水和漏油。

8．曲轴飞轮组主要由______和______以及其他零件和附件等组成。

9．______的作用是将活塞承受的力传给曲轴，推动曲轴转动，从而使活塞的往复运动转变为曲轴的旋转运动。

10．_________的作用是连接活塞和连杆小头，将活塞承受的气压传给连杆。

二、选择题

1. 以下属于燃烧室一部分的是（　　）。

A．气缸盖　B．油底壳　C．气门室盖　D．曲轴

2. 气缸体上半部有若干个为活塞在其中的运动作为导向的圆柱形空腔，称为（　　）。

A．活塞腔　B．气缸　C．气缸壁　D．气缸盖

3. （　　）由机体组、活塞连杆组、曲轴飞轮组三部分组成。

A．曲柄连杆机构　B．配气系统

C．冷却系统　D．起动系统

4. 以下属于机体组零件的是（　　）。

A．油底壳　B．活塞　C．飞轮　D．连杆

5. 以下属于活塞连杆组零件的是（　　）。

A．气缸体　B．气缸盖　C．飞轮　D．活塞环

6. 以下属于曲轴飞轮组零件的是（　　）。

A．气缸垫　B．曲轴正时齿轮

C．活塞　D．活塞环

7. （　　）的作用是将混合气燃烧过程中活塞获得的动力传递给曲轴。

A．活塞连杆组　B．曲轴飞轮组

C．机体组　D．活塞环

8. 下曲轴箱用来储存（　　）。

A．润滑油　B．汽油　C．柴油　D．冷却水

9. 上曲轴箱是（　　）的活动空间。

A．活塞　B．曲轴　C．连杆　D．气门

10. 机体必须要有足够的（　　）。

A．空间　B．强度和刚度

C．厚度　D．宽度

三、判断题

1. 油环用来刮除气缸壁上多余的润滑油，并在气缸壁上布上一层均匀的油膜。（　　）

2. 气环的作用是保证活塞与气缸壁间的密封，防止漏气。（　　）

3. 一般发动机上每个活塞装有 2 ~ 3 道气环。（　　）

4. 一般发动机上每个活塞装有 2 ~ 3 道油环。（　　）

5. 活塞一般采用高强度钢制造。（　　）

6. 活塞连杆组的作用是将混合气燃烧过程中活塞获得的动力传递给曲轴。（　　）

7．曲轴箱分上曲轴箱和下曲轴箱。上曲轴箱与气缸体铸成一体，下曲轴箱用来储存润滑油。（　　）

8．气缸垫能防漏气、漏水和漏油。（　　）

9．曲轴承受连杆传来的力，使其绕本身轴线旋转，然后通过飞轮输出力矩。（　　）

10．曲轴飞轮组主要由曲轴和飞轮以及其他零件和附件等组成。（　　）

四、简答题

1．飞轮的主要作用是什么？

2．曲轴的主要作用是什么？

3．曲柄连杆机构有什么作用？

4．活塞连杆组由哪些零件组成？

课题3 配气机构

一、填空题

1．配气机构的作用是定时______和______各气缸的进、排气门。

2．配气机构由________和________组成。

3．配气机构按气门的位置可以分为气门________和气门________。

4．配气机构按凸轮轴的位置可以分为凸轮轴________、凸轮轴________和凸轮轴________。

5. 配气机构按传动方式分为______传动、____传动和___________传动。

6. 气门由______和______两部分组成。

7. 进、排气门的气门锥角一般均为______，只有少数发动机的进气门锥角为______。

8. 气门导管主要是起导向作用，保证气门做直线往复运动，使______与_________能正确贴合。

9. 气门座在高温条件下工作，磨损严重，因此有不少发动机的气门座选用较好的材料（合金铸铁、奥氏体钢等）单独制作，然后镶嵌到_________上。

10. 推杆位于______与______之间，它的作用是将挺柱传来的运动和力传给摇臂。

二、选择题

1. 以下属于气门组零件的是（　　）。

A. 气门弹簧　B. 凸轮轴　C. 推杆　D. 挺柱

2. 以下属于气门传动组零件的是（　　）。

A. 气门油封　B. 气门座　C. 气门　D. 摇臂

3.（　　）的作用是克服在气门关闭过程中气门及传动件的惯性力，防止各传动件之间因惯性力的作用而产生间隙。

A. 气门弹簧　B. 气门导管

C. 气门　D. 气门座

4.（　　）的作用是将推杆和凸轮传来的运动和力改变方向传给气门使其开启。

A. 气门座　B. 摇臂

C. 气门弹簧　D. 挺柱

5. 用（　　）转角的环形图来表示配气相位，称为配气相位图。

A. 凸轮轴　B. 皮带轮

C. 飞轮　D. 曲轴

6. 气门摇臂的长臂端加工成圆弧面，是推动（　　）的工作面。

A. 凸轮轴　B. 气门

C. 气门导管　D. 气门弹簧

7.（　　）的作用是准时接通和切断进、排气系统与气缸之间的通道。

A. 气门传动组　B. 凸轮轴

C. 气门组　D. 曲轴

8. 气门与气门座或气门座圈之间靠（　　）密封。

A. 平面　B. 锥面　C. 垂直面　D. 曲面

9.（　　）主要是起导向作用，保证气门做直线往复运动，使气门与气门座能正确贴合。

A．气门座　　　　　　　　B．气门

C．气门导管　　　　　　　D．气门弹簧

10．以下不属于配气机构传动方式的是（　　）。

A．齿轮传动　　　　　　　B．齿形皮带传动

C．电动机传动　　　　　　D．链传动

三、判断题

1．气门顶置式、凸轮轴上置式配气机构应用最为广泛。（　　）

2．传动方式为齿形皮带传动或链传动的配气机构应用最为广泛。（　　）

3．气门传动组的作用是准时接通和切断进、排气系统与气缸之间的通道。（　　）

4．气门杆部用来封闭气缸的进、排气通道，头部则主要为气门的运动起导向作用。（　　）

5．气门导管在气门杆与气缸盖之间起导热作用。（　　）

6．气门弹簧防止气门在发动机振动时发生跳动，破坏其密封性。（　　）

7．气门组的作用是使进、排气门按照规定的时刻开闭，且保证有足够的开度。（　　）

8．摇臂在摆动过程中承受很大的弯矩，因此，应有足够的强度和刚度以及较大的质量。（　　）

9．摇臂是一个双臂杠杆，以摇臂轴为支点，两臂等长。（　　）

10．配气相位是用曲轴转角表示的进、排气门的实际开闭时刻和开启的持续时间。（　　）

四、简答题

1．凸轮轴的作用是什么？

2．液力挺柱的作用是什么？

3．简述配气机构的作用。

4．什么是配气相位图？

课题4 汽油机燃料供给系统

一、填空题

1．汽油机燃料供给系统的作用是根据发动机不同工况的要求，给气缸提供不同浓度和数量的______和______的可燃混合气。

2．电控燃油供给系统供给发动机燃油是以______的方式进行。

3．汽油机燃料供给系统有________________供给系统和___________供给系统。

4．发动机电控单元通过控制喷油器___________的长短来控制喷油量，实现对可燃混合气浓度的精确控制。

5．空气流量计是测量发动机________的装置，也称为空气流量传感器。

6．根据测量原理不同，空气流量计常见的有_____式、__________式、_____式、_____式等。

7．进气压力传感器的作用是测量进气歧管内的___________，并将其转变为电压信号输送到发动机ECU。

8．节气门位置传感器的作用是把节气门的______或______转换成电信号，传输给电控单元。

9．驾驶员通过加速踏板控制节气门体上的节气门______，改变发动机的进气量，进行发动机的功率调节。

10．排气系统主要由___________、________________、___________________和_________等组成。

二、选择题

1.（　　）是确定燃油供给量的主参数。

A．进气流量　　B．冷却液温度

C．进气温度　　D．节气门位置

2．以下（　　）是发动机尾气中的有害物。

A．水蒸气　　B．二氧化碳

C．一氧化碳　　D．氮气

3．燃油供给装置是用来向气缸供给燃烧所需（　　）的装置。

A．汽油　　B．空气　　C．水　　D．机油

4．空气滤清器主要采用干式（　　）质滤芯。

A．纸　　B．金属　　C．塑料　　D．布

5．空气流量计是测量发动机进气量的装置，也称为空气流量传感器，其用于（　　）型电控燃油喷射系统中。

A．L　　B．F　　C．D　　D．G

6．以下（　　）不是节气门体上的部件。

A．节气门　　B．节气门位置传感器

C．进气歧管　　D．怠速空气阀

7．以下（　　）是汽车尾气经过三元催化器转化后的产物之一。

A．氮氧化物　　B．一氧化碳

C．水蒸气　　D．碳氢化合物

8.（　　）是电控燃油喷射系统的一个重要执行器，其主要作用是喷射燃油。

A．电控单元　　B．喷油器

C．调压器　　D．燃油泵

9．电动燃油泵是电控燃油喷射系统的（　　）。

A．电控单元　　B．传感器

C．执行器　　D．以上都不对

10．空气流量计是电控燃油喷射系统的（　　）。

A．电控单元　　B．传感器

C．执行器　　D．以上都不对

三、判断题

1．发动机转速是确定燃油供给量的主参数。（　　）

2．冷却液温度信号用于修正燃油供给量。（　　）

3．点火正时与发动机转速信号没有关系。（　　）

4. 空气供给装置的作用是控制并测量吸入发动机的空气量，提供可燃混合气形成所需的空气。 （ ）

5. 燃油压力调节器主要是使系统油压随进气歧管处压力的变化而变化，使系统的绝对油压和进气歧管的压力差值保持恒定，不随发动机工况的变化而变化。 （ ）

6. 目前，汽车使用的主要是电控燃油供给系统。 （ ）

7. 排气系统的作用是将气缸内燃烧的废气经过净化处理后排入空气中。 （ ）

8. 空气滤清器是发动机 ECU 确定发动机基本喷油量的重要信号之一。 （ ）

9. 喷油器是电控燃油喷射系统的传感器。 （ ）

10. 怠速控制阀是电控燃油喷射系统的传感器。 （ ）

四、简答题

1. 空气滤清器有什么作用?

2. 电子控制装置由哪些部分组成?

3. 三元催化转化器有什么作用?

4. 电控燃油喷射系统由哪些装置组成?

课题5 柴油机燃料供给系统

一、填空题

1. 柴油机燃料供给系统同样要完成柴油和空气的供给以及可燃混合气的______、______和废气的______任务。

2. ω 型燃烧室中柴油与空气的混合以________雾化为主。

3. ω 型燃烧室通常采用______进气道或______进气道，促进混合气的形成和改善燃烧状况（形成中等强度进气涡流）。

4. 球型燃烧室混合气形成方式以____________混合为主。

5．汽车柴油机广泛采用________喷油器。

6．柱塞式喷油泵由______机构、_______________机构、______机构和喷油泵体等部分组成。

7．调速器是根据发动机______变化而自动调节供油量的。

8．柴油机燃料供给系统由____________装置、____________装置、_______________装置、____________装置组成。

9．调速器按转速传感分，有______式调速器、____________式调速器和______式调速器。

10．喷油泵主要有______式喷油泵和______式喷油泵。

二、选择题

1．以下属于燃油供给装置的是（　　）。

A．喷油器　　B．空气滤清器

C．燃烧室　　D．消声器

2．以下属于空气供给装置的是（　　）。

A．喷油泵　　B．进气管道

C．燃烧室　　D．排气管道

3．以下属于混合气形成装置的是（　　）。

A．柴油箱　　B．空气滤清器

C．燃烧室　　D．排气管道

4．涡流室式燃烧室的涡流室容积占总燃烧室容积的（　　）。

A．80% ~ 100%　　B．30% ~ 60%

C．50% ~ 80%　　D．20% ~ 50%

5．为便于冷起动，柴油发动机的喷油嘴附近多装有（　　）。

A．火花塞　　B．电热塞

C．副喷油嘴　　D．以上都对

6．以下属于转子式喷油泵的是（　　）喷油泵。

A．P 型　　B．A 型　　C．PDV 型　　D．B 型

7．以下属于柱塞式喷油泵的是（　　）。

A．VE 型　　B．A 型

C．PDV 型　　D．以上都是

8．（　　）是根据发动机负荷变化而自动调节供油量的。

A．调速器　　B．喷油器　　C．喷油泵　　D．输油泵

9．（　　）负责向喷油器提供高压柴油。

A．调速器　　B．喷油器　　C．喷油泵　　D．输油泵

10．输油泵的种类较多，比较常见的是（　　）。

A．转子式　　B．滑片式　　C．活塞式　　D．齿轮式

三、判断题

1．柴油滤清器的作用是除去柴油中的尘土、水分或其他机械杂质以及由于温度变化或接触空气而从柴油中析出的少量石蜡。（　　）

2．柴油滤清器可降低对精密偶件的磨损，从而提高发动机功率，降低油耗。（　　）

3．出油阀偶件磨损对发动机油耗无影响。（　　）

4．喷油泵向喷油器输送低压柴油。（　　）

5．喷油泵按照发动机的工作顺序、负荷大小向喷油器供应柴油。（　　）

6．VE 型喷油泵属于转子式喷油泵。（　　）

7．B 型喷油泵属于转子式喷油泵。（　　）

8．输油泵输送的是高压柴油。（　　）

9．输油泵向喷油器输送柴油。（　　）

10．喷油器向燃烧室喷入雾状柴油。（　　）

四、简答题

1．燃油供给装置主要由哪些部件组成？

2．柴油发动机的燃烧室主要有哪些形状？

3．简述柴油滤清器的作用。

4．简述输油泵的作用。

课题6 润 滑 系

一、填空题

1. 汽车发动机的润滑方式有______润滑、______润滑和______润滑三种方式。
2. 机油泵分________机油泵和________机油泵。
3. 为了保证滤清效果，一般使用多级滤清器：________和________。
4. 汽车发动机所用的集滤器分为____式集滤器和______式集滤器两种。
5. 汽车润滑系的集滤器一般采用的是______式。

二、选择题

1. 以下是润滑系的作用之一的是（　　）。

   A. 燃烧　　B. 冷却　　C. 作功　　D. 以上都对

2. 润滑油储存在（　　）。

   A. 油底壳中　　B. 燃油箱中

   C. 润滑油箱中　　D. 以上都不对

3. 细滤器的过油量为（　　）。

   A. 0 ~ 30%　　B. 50% ~ 80%

   C. 10% ~ 30%　　D. 20% ~ 40%

4. 集滤器一般安装在机油泵的（　　）。

   A. 前面　　B. 后面

   C. 与机油泵一体　　D. 以上都不对

5. 在机油压力（　　）情况下，仪表盘上的指示灯会点亮警告灯。

   A. 不足　　B. 过高

   C. 正常　　D. 以上都不对

三、判断题

1. 润滑系可以起防锈蚀的作用。（　　）
2. 机油泵将润滑油加压后不间断地输送到进行压力润滑的工作表面。（　　）
3. 与主油道串联的是细滤器。（　　）
4. 与主油道并联的是粗滤器。（　　）
5. 润滑系可以起密封的作用。（　　）
6. 集滤器的作用是防止粒度大的杂质进入机油泵。（　　）
7. 机油压力传感器的作用是防止润滑系统损坏。（　　）

四、简答题

1．润滑系主要由哪些部件组成？

2．转子式机油泵由哪几部分组成？

课题7 冷 却 系

一、填空题

1．冷却系分____冷系和____冷系。

2．汽车发动机上采用的水冷系大都是____________式水冷系。

3．散热器又称水箱，由_________、_________和_________等组成。

4．散热风扇用来提高流经散热器的空气______和______，增强散热器的散热能力。

5．节温器的作用是根据发动机____________和____________自动改变水的循环流动路线。

6．冷却水在冷却系内的循环流动路线有两条：一条为_________，另一条为_____________。

二、选择题

1．冷却系的作用是保证发动机工作在（　　）的温度下。

A．尽可能低　　B．适宜

C．尽可能高　　D．以上都不对

2．汽车发动机一般采用（　　）发动机。

A．风冷　　B．油冷

C．水冷　　D．以上都不对

3．水箱的作用是给冷却液（　　）。

A．散热　　B．保温

C．升温　　D．以上都不对

4．汽车上广泛使用的是（　　）水泵。

A．容积式　　B．齿轮式　　C．叶片式　　D．离心式

5．汽车上常使用的散热风扇为（　　）风扇。

A．侧流　　B．轴流式　　C．离心　　D．斜流

6．控制冷却液流量的部件是（　　）。

A．水箱　　B．节温器　　C．水管　　D．水泵

7．（　　）是冷却液温度高时，冷却液经过散热器而进行的循环流动。

A．大小循环同时进行　　B．大循环

C．小循环　　D．以上都不对

8．发动机冷却系统进行小循环的目的是使冷却液温度（　　）。

A．保持不变　　B．升高　　C．降低　　D．以上都有可能

三、判断题

1．小排量发动机及军车发动机一般采用水冷发动机。（　　）

2．水冷系以冷却液作为冷却介质，把发动机受热零件吸收的热量散发到大气中去。（　　）

3．水泵的作用是对冷却液加压，使冷却液在冷却系中循环流动。（　　）

4．发动机水箱安装在发动机前的车架横梁上。（　　）

5．多数发动机采用蜡式节温器。（　　）

6．发动机冷却液进行小循环时，冷却液不流经散热器。（　　）

四、简答题

1．简述冷却系的作用。

2．发动机水冷系主要由哪些部件组成？

3．离心式水泵主要由哪些部件组成？

单元三　汽车电驱系统

课题❶　汽车电驱系统的组成

一、填空题

1. 电驱系统的组成包括__________、__________、__________等。

2. 电驱系统中驱动电机的特性决定了车辆的主要性能指标，直接影响车辆的______性、______性和______性。

二、选择题

1. 以下是电驱系统的三大核心部件之一的是（　　）。

A. 驱动电机　　B. 冷却系统

C. 空调系统　　D. 制动系统

2. 以下不属于动力电池电源之一的是（　　）。

A. 发电机　　B. 起动机

C. 制动能量回收装置　　D. 车载充电器

三、判断题

1. 采用电驱系统的汽车没有发动机。（　　）

2. 动力电池为汽车提供交流电。（　　）

四、简答题

电控系统作为电驱系统的三大核心部件之一，其主要功能有哪些？

课题❷　混合动力汽车的动力系统

一、填空题

1．混合动力汽车是指车辆驱动系统由____个或____个能同时运转的单个驱动系统联合组成的车辆。

2．油电混合动力汽车采用传统的______机和______机作为动力源。

二、选择题

1．（　　）混合动力汽车的动力电池容量最小。

A．普通油电　　B．插电式

C．增程式　　D．以上都有可能

2．普通油电混合动力汽车的优点之一是（　　）。

A．成本低　　B．稳定性好

C．降低油耗　　D．舒适性好

三、判断题

1．插电式混合动力汽车可以采用外充的方式补充电能。（　　）

2．增程式混合动力汽车可以采用外充的方式补充电能。（　　）

3．增程式混合动力汽车的发动机仅用于发电。（　　）

4．插电式混合动力汽车和普通油电混合动力汽车都具备充电插口。（　　）

四、简答题

试分析普通油电混合动力汽车比普通燃油汽车省油的原因。

单元四　汽车传动系

课题1　传动系概述

一、填空题

1. 汽车传动系分为______式传动系统和___________式传动系统。

2. 机械式传动系统主要由________、________、_________________和_________组成。

3. 万向传动装置由________和________组成。

4. 驱动桥由___________、________和______等组成。

5. 液力机械式传动系统主要由______________、______________、__________________和________组成。

6. 四轮驱动的汽车按___________状态不同而将发动机输出转矩按不同比例分配在前、后所有的轮子上。

二、选择题

1. 发动机前置、后轮驱动的汽车由（　　）负责转向。

A. 前后轮　　B. 后轮

C. 前轮　　D. 以上都有可能

2.（　　）的布置方式，发动机散热条件最好。

A. 发动机前置　　B. 发动机后置

C. 发动机中置　　D. 以上都有可能

3.（　　）形式的汽车操纵机构简单。

A. 前置后驱　　B. 前置前驱

C. 后置后驱　　D. 四轮驱动

4.（　　）可以提高汽车的行驶能力。

A. 前置后驱　　B. 前置前驱

C. 后置后驱　　D. 四轮驱动

三、判断题

1. 大多数轿车采取的布置方式是发动机前置、前轮驱动。（　　）

2．发动机后置的方式使汽车的前轴不易过载，并能充分利用车厢面积。（　　）

3．发动机后置有利于减轻发动机的高温和噪声对驾驶员的影响。（　　）

4．四轮驱动的汽车一般用 4×4 或 4WD 来表示。（　　）

四、简答题

简述汽车传动系的作用。

课题2　离　合　器

一、填空题

1．离合器是汽车传动系中一个重要的部件，主要用来______或______动力的传递。

2．常用的离合器有__________弹簧离合器和______弹簧离合器。

3．离合器主要由__________、__________、__________和__________等部分组成。

4．离合器的主动部分包括______、__________、______等。

5．离合器的操纵机构主要有__________式和______式两种。

6．离合器盖通过螺栓固定在发动机______上。

7．离合器总泵和离合器分泵之间通过______连接。

8．离合器的主动部分始终与______一起转动。

9．机械绳索式操纵机构的踏板和分离叉通过______连接。

10．在液压式离合器操纵机构中，松开离合器踏板的时候整个系统____压力。

二、选择题

1．离合器安装在（　　）后面。

A．发动机　　B．差速器

C．变速箱　　D．传动轴

2．以下属于离合器从动部分的是（　　）。

A．压盘　　B．摩擦片

C．压紧机构　　D．操纵机构

3. 离合器的从动盘压紧在压盘和（　　）之间。

A. 发动机　　B. 变速器　　C. 差速器　　D. 飞轮

4. 机械绳索式操纵机构通过调整（　　）来调整离合器的自由行程。

A. 踏板位置　　B. 分离叉的位置

C. 绳索长度　　D. 以上都可以

5. 机械绳索式操纵机构的绳索两端分别连接（　　）和离合器分离叉。

A. 踏板组件　　B. 离合器压板

C. 离合器片　　D. 飞轮

6. 踩下离合器踏板时，发动机向变速器传递的动力（　　）。

A. 中断　　B. 接通　　C. 减少　　D. 加强

7. 踩下离合器踏板时，（　　）将压盘向后移动，压在从动盘上的压力消失。

A. 分离套筒　　B. 分离叉

C. 分离轴承　　D. 分离杠杆

8. 踩下离合器踏板时，（　　）推动分离杠杆。

A. 分离套筒　　B. 分离叉

C. 分离轴承　　D. 膜片弹簧

9. 在液压式离合器操纵机构中，推动分离叉的是（　　）。

A. 绳索　　B. 离合器分泵

C. 离合器总泵　　D. 分离轴承

10. 离合器的压盘组件是安装在（　　）上的。

A. 飞轮　　B. 差速器

C. 发动机　　D. 变速器

三、判断题

1. 离合器主动部分与变速器相连，从动部分与飞轮相连，由驾驶员通过脚踩踏板来操纵。（　　）

2. 膜片弹簧离合器广泛应用于轿车及中小型汽车上。（　　）

3. 离合器的从动部分始终与曲轴一起转动。（　　）

4. 离合器的压紧机构负责压紧离合器的从动盘。（　　）

5. 离合器从动盘的键槽套在变速器的输入轴上。（　　）

6. 松开离合器踏板，将会中断发动机向变速器的动力传输。（　　）

7. 离合器的主动部分是与变速器的输入轴连接的。（　　）

8. 带有离合器的传动系统是液力机械式传动系统。（　　）

9. 液压式离合器操纵机构是通过绳索拉动离合器分离叉的。（　　）

10. 液压式离合器操纵机构的踏板推动的是离合器分泵。（　　）

四、简答题

1．液压式离合器操纵机构主要由哪些部分组成？

2．简述离合器是如何把发动机的动力传递给变速器的。

3．离合器的从动部分主要由哪些零件组成？

4．简述离合器的作用。

课题3　手动变速器

一、填空题

1．汽车变速器可以在较大范围内改变汽车的____________和汽车驱动轮上的__________。

2．手动变速器在操纵时必须踩下________，才能拨动变速杆。

3．手动变速器由变速_____机构和变速_____机构组成。

4．手动变速器分为____轴式手动变速器和____轴式手动变速器两种。

5．三轴式手动变速器的第一轴为_________，第二轴为________，第三轴为________。

6．二轴式手动变速器的第一轴为________，第二轴为________。

7．手动变速器的变速操纵机构主要由______________、______、________、________、__________和__________等组成。

8．在发动机后置或前轮驱动的汽车上一般采用________操纵式变速操纵机构。

9．一般前置发动机后轮驱动汽车的手动变速器采用______操纵式变速操纵机构。
10．手动变速的汽车在加速、超车时比自动变速车____。

二、选择题

1．变速器在空挡的时候，汽车的动力传递（　　）。
A．减少　B．加强　C．接通　D．中断
2．手动变速器在挂（　　）的时候可以制动。
A．前进挡　B．倒挡
C．空挡　D．以上挡位都可以
3．手动变速器的英文缩写是（　　）。
A．MT　B．AT　C．CVT　D．DSG
4．发动机前置前轮驱动和发动机后置后轮驱动的汽车一般采用的手动变速器是（　　）。
A．一轴式　B．二轴式　C．三轴式　D．四轴式
5．发动机前置后轮驱动的汽车一般采用的手动变速器是（　　）。
A．一轴式　B．二轴式　C．三轴式　D．四轴式
6．同步器能（　　）齿轮在转速同步之前啮合。
A．强制　B．阻止
C．帮助　D．以上都不对
7．（　　）能缩短换挡时间，迅速完成换挡操作。
A．变速操纵杆　B．同步器
C．拨叉　D．锁止装置
8．采用手动变速器的汽车换挡时都要经过的挡位是（　　）。
A．前进挡　B．倒挡
C．空挡　D．以上都有可能
9．手动变速器通过改变齿轮的（　　）达到改变车速的目的。
A．数量　B．传动比　C．速度　D．以上都对
10．应用广泛的同步器类型是（　　）同步器。
A．常压式　B．惯性式
C．自行增力式　D．摩擦式

三、判断题

1．汽车倒车的时候是通过改变发动机的旋转方向来实现的。（　　）
2．采用手动变速器的汽车任意一个挡位都可以怠速停车。（　　）
3．一般来说，手动变速的汽车在加速、超车时比自动变速车快，也省油。（　　）
4．同步器能使接合套与待接合齿圈两者之间迅速同步。（　　）

5．同步器可以防止接合齿圈之间产生冲击。（　　）

6．远距离操纵式变速操纵机构多集中安装在变速器盖上，结构简单、操纵容易且准确。（　　）

7．三轴式手动变速器的输入轴与输出轴平行，无中间轴。（　　）

8．三轴式手动变速器一般应用于轿车。（　　）

9．根据变速操纵杆与变速器的距离不同采用不同的变速操纵机构。（　　）

10．同步器可以延长变速齿轮的使用寿命。（　　）

四、简答题

1．简述变速器的作用。

2．简述同步器的作用。

3．简述正在使用前进挡前进中的汽车变成倒挡行驶的控制过程。

4．惯性同步器按结构分为哪几种形式？

课题4 自动变速器

一、填空题

1. 自动变速器主要由______________、____________、______、__________等组成。

2. 液力变矩器起自动离合器的作用，传送______转矩至______。

3. ______________可以缓冲发动机及传动系的扭转振动。

4. 液力变矩器由______、______、______、__________、______、__________和______等组成。

5. 行星齿轮式自动变速器由__________机构和__________机构组成。

6. 行星齿轮机构由__________、______、________和支撑在行星架上的____________组成。

7. 按照齿轮的排数不同，行星齿轮机构可以分为____排行星齿轮机构和____排行星齿轮机构。

8. 行星齿轮式自动变速器的换挡执行机构主要有________、__________和______________等。

9. 行星齿轮式自动变速器中制动器的结构形式较多，最常见的是______制动器和____________制动器。

10. 常见的单向离合器有__________式和______式两种。

二、选择题

1. 自动变速器采用（　　）避免了换挡过程中产生的冲击。

A. 齿轮传动　　B. 离合器

C. 液力元件　　D. 以上都不对

2.（　　）是自动变速器的特点之一。

A. 结构复杂　　B. 传动效率高

C. 价格便宜　　D. 操作复杂

3. 液力变矩器的作用是使发动机产生的（　　）成倍增长。

A. 转速　　B. 转矩

C. 转速和转矩　　D. 以上都不对

4.（　　）兼起到飞轮的作用，使发动机转动平稳。

A. 齿轮变速器　　B. 液压控制系统

C. 电子控制系统　　D. 液力变矩器

5．液力变矩器的转速将始终（　　）发动机的转速。

A．低于　　B．等于　　C．高于　　D．都可能

6．制动器的作用是将行星排中的太阳轮、齿圈、行星架三个基本元件中的（　　）个加以固定，使之不能旋转。

A．一　　B．两　　C．三　　D．四

7．无级变速器的英文简称是（　　）。

A．AMT　　B．AT　　C．DSG　　D．CVT

8．（　　）是具有行星齿轮结构的自动变速器。

A．AT　　B．CVT　　C．DSG　　D．MT

9．自动变速器的油泵在（　　）情况下停止工作。

A．行驶　　B．怠速　　C．加速　　D．以上都不对

10．自动变速器中的液压控制系统主要是起（　　）作用的。

A．冷却　　B．润滑　　C．换挡　　D．以上都不对

三、判断题

1．自动变速器起步平稳，能以很低的速度稳定行驶。（　　）

2．自动变速器的传动效率比手动变速器低。（　　）

3．无级变速器的速度比变化是连续的。（　　）

4．液力变矩器驱动液压控制系统的油泵。（　　）

5．从机械结构上来看，AMT 和普通机械式自动变速器一样。（　　）

6．现代汽车用的自动变速器中都采用多片湿式制动器。（　　）

7．所有的变速器都是通过改变齿轮的传动比实现换挡的。（　　）

四、简答题

1．行星齿轮式自动变速器中离合器的作用是什么？

2．行星齿轮式自动变速器中单向离合器的作用是什么？

3．自动变速器的电子控制系统主要由哪些部分组成?

4．简述常见的自动变速器有哪几种类型。

课题5 万向传动装置

一、填空题

万向传动装置一般由两个__________和一根__________组成。

二、选择题

十字轴式刚性万向节相邻两轴允许的最大交角为（　　）。

A．20° ~ 25°　　B．15° ~ 20°

C．30° ~ 35°　　D．40° ~ 45°

三、判断题

1．十字轴式刚性万向节属于不等速万向节。（　　）

2．等速万向节和不等速万向节是按连接两轴的角速度是否相等来区分的。（　　）

四、简答题

1．简述万向传动装置的作用。

2．万向传动装置主要用于连接汽车的哪些部分?

课题6 驱 动 桥

一、填空题

1．驱动桥的作用之一是允许左、右驱动轮以______转速旋转。

2．驱动桥是传动系的最后一个总成，它由____________、__________、______和____________等组成。

3．驱动桥分为______式驱动桥和______式驱动桥。

4．当发动机横向布置时，主减速器采用一对____________齿轮传动；当发动机纵向布置时，主减速器采用一对______齿轮传动。

5．采用一对齿轮传动的是____级主减速器，采用两对齿轮传动的是____级主减速器。

6．双级主减速器有利于汽车保持足够的______间隙。

7．双级主减速器多应用于有较____传动比需求的汽车。

8．差速器主要由____________、______________、____________、____________等组成。

9．汽车上普遍采用的是____________式差速器。

10．在转向驱动桥内，半轴一般需要分为____半轴和____半轴两段，中间用_______________相连接。

二、选择题

1．驱动桥处于动力传动系的（　　）。

A．始端　　B．中间　　C．末端　　D．都可能

2．断开式驱动桥可以应用于汽车的（　　）。

A．前桥　　B．后桥

C．前后桥都可以　　D．以上都不对

3．驱动桥中改变动力传递方向的是（　　）。

A．驱动桥壳　　B．差速器

C．主减速器　　D．以上都不对

4．驱动桥中使转速降低的元件是（　　）。

A．差速器　　B．半轴

C．主减速器　　D．驱动桥壳

5．驱动桥中能使两侧半轴转速不同的元件是（　　）。

A．差速器　　B．半轴　　C．主减速器　　D．驱动桥壳

6. 发动机横向布置时，主减速器（　　）改变动力的传递方向。

A. 按 90°　　B. 不需要　　C. 部分　　D. 按 180°

7. 双级主减速器的主要目的之一是（　　）其外廓尺寸。

A. 保持　　B. 减小

C. 增大　　D. 以上都不对

8. 双级主减速器比单级主减速器的传动比（　　）。

A. 小　　B. 大　　C. 一样　　D. 以上都不对

9. 双级主减速器跟单级主减速器相比能使汽车产生（　　）的驱动力。

A. 一样　　B. 更大　　C. 更小　　D. 以上都不对

10.（　　）是差速器的主要组成零件之一。

A. 万向节　　B. 半轴

C. 行星齿轮　　D. 驱动桥壳

三、判断题

1. 驱动桥具有减速增扭的作用。（　　）

2. 整体式驱动桥采用独立悬架。（　　）

3. 断开式驱动桥的主减速器通过悬架与车架连接。（　　）

4. 整体式驱动桥两侧可以彼此独立地相对于车架上下跳动，而车身不会随车轮跳动，提高了行驶平顺性和通过性。（　　）

5. 整体式驱动桥左右两驱动轮不能相互独立地跳动。（　　）

6. 整体式驱动桥一般应用于汽车的前桥上。（　　）

7. 差速器的作用之一是使输入的转矩增大。（　　）

8. 双级主减速器的传动效率比单级主减速器的传动效率高。（　　）

9. 主减速器采用锥齿轮传动可以改变动力传递的方向。（　　）

10. 双级主减速器采用了两对锥齿轮传动。（　　）

四、简答题

1. 简述驱动桥的动力传递路线。

2. 简述主减速器的作用。

3．简述差速器的作用。

4．简述双级主减速器的特点。

单元五　汽车行驶系

课题❶　车架与车桥

一、填空题

1．车架的作用是安装汽车的各总成和部件，并使它们保持正确的__________。

2．车架同时承受来自_____和_____的各种_____、___载荷。

3．汽车车架按其结构形式可分为_____式、_____式、_____式。

4．车桥一般分为_____桥、_____桥、_____桥和__________桥。

二、选择题

1．纵梁断面为圆形或矩形，其上固定有横向的托架或连接梁，使车架成鱼骨状，这种车架是（　　）。

A．综合式车架　　B．边梁式车架

C．中梁式车架　　D．车身代替车架

2．（　　）仅用于连接安装左右车轮，既不产生驱动力，也不实现转向。

A．支持桥　　B．驱动桥

C．转向桥　　D．转向驱动桥

3．前轮驱动汽车和四驱汽车的前桥是（　　）。

A．支持桥　　B．驱动桥

C．转向桥　　D．转向驱动桥

4．前置前驱汽车的车桥是（　　）。

A．支持桥　　B．驱动桥

C．转向桥　　D．转向驱动桥

5．转向桥一般位于汽车的（　　）。

A．前部　　B．后部

C．中部　　D．以上都不对

6．前置后驱汽车的前桥是（　　）。

A．支持桥　　B．驱动桥

C．转向桥　　D．转向驱动桥

7．前置后驱汽车的后桥是（　　）。

A．支持桥　　B．驱动桥

C．转向桥　　D．转向驱动桥

三、判断题

1．承载式车身没有单独的车架。（　　）

2．综合式车架同时具有中梁式车架和边梁式车架的特点。（　　）

3．承载式车身用车身代替车架的作用。（　　）

四、简答题

承载式车身有哪些优点？

课题2　悬　架

一、填空题

1．悬架是______（或车身）与______（或车轮）之间的一切传力连接装置的总称。

2．汽车悬架一般由________________________、__________和____________（横向稳定杆、控制臂、纵向推力杆等）三部分组成。

3．悬架分为______悬架和________悬架。

4．螺旋弹簧只能承受______载荷，用其作为弹性元件的悬架要加设______装置。

5．电子控制悬架由感应汽车运行状况的各种__________、____________________及____________等组成。

二、选择题

1．整体式车桥与车架相连的悬架是（　　）。

A．非独立悬架　　B．半独立悬架

C．独立悬架　　D．以上都不对

2．采用独立悬架的汽车的车桥是（　　）。

A．刚性连接的　　B．柔性连接的

C．断开的　　D．以上都不对

3．悬架中必须加装（　　），用于衰减因冲击而产生的振动。

A．减振器　　B．螺旋弹簧　　C．导向机构　　D．以上都对

4．空气压缩机是属于（　　）。

A．传感器　　B．执行机构

C．电子控制单元　　D．以上都不对

5．（　　）用于去除压缩空气中的水分。

A．空气压缩机　　B．干燥器

C．排气阀　　D．以上都不对

6．干燥器滤出的空气水分通过（　　）排掉。

A．空气压缩机　　B．干燥器　　C．排气阀　　D．进气阀

三、判断题

1．采用独立悬架的汽车当一侧车轮因道路不平而发生跳动时，必然引起另一侧车轮在汽车横向平面内发生摆动。（　　）

2．螺旋弹簧大多应用在非独立悬架上。（　　）

3．钢板弹簧是汽车悬架中使用最为广泛的弹性元件。（　　）

4．悬架控制执行器用于改变悬架的高低。（　　）

5．空气压缩机由一个小直流电动机驱动，根据 ECU 的信号向干燥器输送提高车身高度所必需的压缩空气。（　　）

6．车身高度传感器可以感知汽车行驶过程中车身高度的变化情况，从而判断路面情况并调节车身的高度。（　　）

四、简答题

1．简述悬架的作用。

2．独立悬架有什么优点？

3．螺旋弹簧有什么优点？

课题③　车轮与轮胎

一、填空题

1．车轮是介于轮胎和车轴之间承受负荷的旋转组件，主要由______、______和______组成。

2．按轮辐的构造，车轮可分为______式和______式两种。

3．充气轮胎按组成结构不同，分为________充气轮胎和________充气轮胎。

4．充气轮胎按胎体中帘线排列的方向不同，还可分为_________轮胎和____________轮胎。

5．有内胎充气轮胎主要由______、______和______组成。

6．轮胎花纹主要分为______花纹、______花纹和______花纹。

二、选择题

1．（　　）轮胎适用于比较好的硬路面。

A．普通花纹　　B．越野花纹　　C．混合花纹　　D．以上都对

2．矿山、建筑工地等路面适宜使用（　　）轮胎。

A．普通花纹　　B．越野花纹　　C．混合花纹　　D．以上都对

3．城市、乡村之间路面行驶的汽车适宜使用（　　）轮胎。

A．普通花纹　　B．越野花纹　　C．混合花纹　　D．以上都对

三、判断题

1．辐条式车轮一般仅用于赛车和某些高级轿车上。（　　）

2．深槽轮辋一般用于轿车和轻型越野车，平底轮辋一般用于中型货车。（　　）

四、简答题

简述车轮与轮胎的作用。

单元六　汽车转向系

课题1　机械转向系

一、填空题

1. 汽车转向系的作用是在驾驶员的操纵下______或______汽车行驶的方向。

2. 机械转向系由__________________、_________和__________________三大部分组成。

3. 齿轮齿条式转向器由____________、____________、____________组成。

4. 转向操纵机构主要由_________、_________等组成。

5. 汽车转向系可分为_______________和_______________。

6. 常用的转向器有_____________、________________、______________________等。

二、选择题

1. 将转向盘的转动变为齿条轴的直线运动或转向摇臂的摆动的部分是（　　）。

A. 转向器　　B. 转向横拉杆

C. 转向传动机构　　D. 转向操纵机构

2. 下列不属于转向传动机构的是（　　）。

A. 转向摇臂　　B. 转向盘

C. 右转向节　　D. 左转向节

3. 下列属于转向操纵机构的是（　　）。

A. 转向器　　B. 转向轴

C. 转向节臂　　D. 转向直拉杆

三、判断题

1. 转向传动机构的作用是将转向盘的转动变为齿条轴的直线运动或转向摇臂的摆动，降低传动速度，增大转向力矩并改变转向力矩的传动方向。（　　）

2. 转向器的作用是将其输出的动力传给转向车轮（转向节），并使左右车轮按一定关系进行偏转。（　　）

四、简答题

1. 转向器的作用是什么？

2. 机械转向系的作用是什么？

3. 机械转向系由哪些部分组成？

4. 转向传动机构的作用是什么？

课题2 动力转向系

一、填空题

1. 动力转向系由________和__________组成。

2. 动力转向系将发动机输出的部分_____转化为_____或____。

3. 液压动力转向系是建立在_______系的基础之上，额外增加了一个____系统。

4. 整体式动力转向器由____、____________和________组成。

5. 液压动力转向系的动力源是________。

6. 动力转向泵经转向_____向转向_____提供一定压力和流量的工作油液。

7. 电动动力转向系根据转矩传感器检测到的信号来驱动安装在转向柱上的直流电动机，并通过____和____降低直流电动机的转速。

8. 直流电动机是将直流电源通过____接通电枢绕组。

9. 载流的转子导体在磁场中受_____作用进行旋转运动。

10. 电动动力转向系根据转矩传感器检测到的_________、_______、__________等来驱动直流电动机。

二、选择题

1．采用动力转向系可以（　　）驾驶员的转向操纵力。

A．加重　　B．减轻　　C．不改变　　D．消除

2．下列不属于液压动力转向系的是（　　）。

A．直流电动机　　B．动力转向泵

C．储油罐　　D．动力转向器

3．下列不属于电动动力转向系接收的信号的是（　　）。

A．扭杆转角信号　　B．冷却液温度传感器

C．车速信号　　D．发动机转速信号

4．动力转向泵经向转向动力缸提供一定压力和（　　）的工作油液。

A．流速　　B．压强　　C．流量　　D．温度

5．所有导体产生的（　　）作用于转子，使转子绕电动机轴旋转，以便拖动机械负载。

A．电流　　B．磁吸力

C．电磁力　　D．电阻

6．（　　）提供给电子控制单元一个转向角和转向转矩信号。

A．转矩传感器　　B．电动机转子

C．涡轮　　D．转向节

7．不属于直流电动机结构组成的是（　　）。

A．转子　　B．电刷　　C．蜗杆　　D．永磁体

8．转矩传感器内有（　　）个线圈。

A．1　　B．2　　C．3　　D．4

9．（　　）把旋转方向的力转换成直线方向的力。

A．转向器　　B．转向轴

C．转向横拉杆　　D．转向节

10．下列不属于电动动力转向系结构组成的是（　　）。

A．动力转向泵　　B．直流电动机

C．转矩传感器　　D．减速机构

三、判断题

1．动力转向系常见的有液压动力转向系和电动动力转向系。（　　）

2．转矩传感器安装在转向轴上。（　　）

3．液压动力转向系是建立在电动助力转向系的基础之上，额外增加了一个液压系统。（　　）

4．整体式动力转向器上转向动力缸的助力直接作用在齿条上，齿条的动力由一端输出。（　　）

5．动力转向泵大多采用双作用式叶片泵。（　　）

6．当通过直流电动机电枢导体的直流电方向改变时，电动机的旋转方向不会随之改变。（　　）

7．直流电动机的主要作用是检测车辆在进行转向动作时，提供给电子控制单元一个转向角和转向转矩信号，控制直流电动机的运行。（　　）

8．液压动力转向系工作可靠、技术成熟，至今仍被广泛应用。（　　）

9．电动动力转向系通过蜗轮和蜗杆来降低直流电动机的转速。（　　）

10．电动动力转向系一般采用无刷直流电动机。（　　）

四、简答题

1．什么是动力转向系？

2．转矩传感器的作用是什么？

3．电动动力转向系由哪些部件组成？

4．电动动力转向系如何实现车辆的转向？

单元七　汽车制动系

课题❶　普通制动系

一、填空题

1．汽车制动系的作用是使行驶中的汽车按照驾驶员的要求强制______、______，使已停驶的汽车在各种道路条件下稳定______。

2．汽车制动系一般可分为________________和________________。

3．普通制动系一般由_________和____________两个主要部分组成。

4．制动器一般可分为________________和________________。

5．鼓式制动器主要由________、________、____________、____________、____________等组成。

6．盘式制动器又分为________________制动器和________________制动器。

7．液压式制动传动装置是利用制动液将_______________转换为_________。

8．真空助力器由____________________________、____________________________三部分组成。

9．真空助力部分包括____________的前后壳体、_______、______________和____________等。

10．真空助力器_________根据制动踏板的力和位移，控制制动作用以及放松的程度。

二、选择题

1．鼓式制动器是通过制动蹄片挤压制动鼓的（　　）而获得制动力的。

A．内侧　B．外侧　C．左侧　D．右侧

2．下列不属于气压式制动传动装置的是（　　）。

A．制动主缸　B．空气压缩机

C．双腔制动控制阀　D．主储气罐

3．储存空气压缩机产生的气体，在制动时提供足够的压缩空气的部件是（　　）。

A．空气压缩机　B．储气罐

C．制动控制阀　D．制动气室

4．气压式制动传动装置中的安全阀也称为（　　）。

A．气压阀　B．控制阀　C．液压阀　D．限压阀

5．由发动机通过传动带驱动，产生压缩空气，向储气罐充气的部件是（　　）。

A．空气压缩机　　B．储气罐

C．制动控制阀　　D．制动气室

6．气压式制动传动装置中常被称为气奈的是（　　）。

A．制动控制阀　　B．制动气室

C．空气压缩机　　D．储气罐

7．在气压制动中，驾驶员踩制动踏板时控制的是（　　）。

A．制动控制阀　　B．制动气室

C．空气压缩机　　D．储气罐

8．盘式制动器的制动盘固定在（　　）上。

A．轮辋　　B．轮毂　　C．传动轴　　D．轮胎

9．盘式制动器的制动钳固定在（　　）上。

A．传动轴　　B．转向节　　C．转向节臂　　D．制动盘

10．盘式制动器的制动钳内装有活塞，活塞后面有充满制动液的（　　）。

A．制动主缸　　B．制动轮缸　　C．凸轮　　D．油管

三、判断题

1．鼓式制动器一般用在后轮。（　　）

2．固定钳盘式制动器制动钳轴向位置是固定的。（　　）

3．浮动钳盘式制动器为双向轮缸，可单轮缸对置或双轮缸对置，除活塞和摩擦块外无滑动元件。（　　）

4．制动轮缸又称制动总泵，是液压式制动传动系统的核心。（　　）

5．制动轮缸的作用是将液体压力转变为使制动蹄张开的推力。（　　）

6．液压式制动传动装置多用于中、小型汽车。（　　）

7．气压式制动传动装置多用于中、重型汽车。（　　）

8．液压式制动传动装置的组成部件较多，管路复杂。（　　）

9．制动主缸有与储液罐制成一体的整体式，也有两者分体式的。（　　）

10．液压式制动传动装置由制动踏板、推杆、制动主缸、真空助力器、储液罐、制动轮缸、油管等组成。（　　）

四、简答题

1．简述液压式制动传动装置的工作原理。

2. 固定钳盘式制动器的缺点是什么?

3. 空气压缩机的作用是什么?

4. 制动主缸的作用是什么?

课题2 电控制动系

一、填空题

1. ABS 液压控制单元也称________。

2. ABS 液压控制单元主要由____________、____________和__________等相关部件组成。

3. ABS 液压控制单元的主要作用是接收 ECU 的控制信号，使电磁阀动作，完成____、____、____的调节任务。

4. 当________发出抱死危险信号时，____向电磁线圈通入一个较小的保持电流（约为最大电流的 1/2），电磁阀处于____位置。

5. 如果在“保持压力”命令发出后，仍有______信号，ECU 即向电磁线圈通入一个______，电磁阀处于____位置。

6. 车轮转速传感器主要由____________和______两部分组成。

7. ABS 指示灯装在______上，它用来告知驾驶员________系统有故障，由____发送信号使报警灯点亮。

8. ESP 的执行器是一个能单独对车轮进行制动的制动系统，装备有 ESP 的汽车其制动系统具有______。

9. ______是当压力下降后车轮加速太快时，ECU 便切断通往电磁阀的电流，制动主缸和制动轮缸再次相通，制动主缸中的高压制动液再次进入制动轮缸，使制动压力增加。

二、选择题

1．ABS 液压控制单元属于（　　）。

A．执行元件　　B．电子控制单元

C．传感器　　D．操纵机构

2．电子制动力分配系统的英文缩写为（　　）。

A．ABS　　B．EBD

C．ESP　　D．TCS

3．汽车防抱死制动系统的英文缩写为（　　）。

A．ABS　　B．EBD

C．ESP　　D．TCS

4．电子稳定程序的英文缩写为（　　）。

A．ABS　　B．EBD

C．ESP　　D．TCS

5．牵引力控制系统的英文缩写为（　　）。

A．ABS　　B．EBD

C．ESP　　D．TCS

6．电磁式轮速传感器主要由前轮转速传感器和（　　）两部分组成。

A．驱动轮　　B．脉冲轮

C．转向轮　　D．轮毂

7．下列属于 ABS 结构组成的是（　　）。

A．后轮转速传感器　　B．偏转比率传感器

C．纵向加速度传感器　　D．转向角传感器

8．EBD 能够根据汽车制动时产生轴荷转移的不同，而自动调节前、后轴的制动力分配比例，并配合（　　）提高制动稳定性。

A．ABS　　B．EBD

C．ESP　　D．ASR

三、判断题

1．ABS 已成为汽车上的标准装备。（　　）

2．ABS 液压控制单元装在制动主缸与轮缸之间。（　　）

3．ABS 电磁阀处于保压位置时，制动主缸、制动轮缸和回油孔相互接通，制动轮缸中的制动压力保持一定。（　　）

4．ABS 电磁阀处于减压位置时，电磁阀将制动轮缸与回油通道或储液室接通，制动轮缸中制动液经电磁阀流入储液室，制动轮缸压力下降。（　　）

5．制动时，当压力下降后车轮加速太快时，制动主缸和制动轮缸再次相通，制动主缸中的高压制动液再次进入制动轮缸，使制动压力增加。 （ ）

6．电磁式轮速传感器是一种通过磁量的变化产生感应电压的装置。 （ ）

7．ABS 指示灯可用来读取储存在控制单元存储器中的诊断故障码。 （ ）

8．ESP 能够根据汽车制动时产生轴荷转移的不同，而自动调节前、后轴的制动力分配比例，提高制动效能，并配合 ABS 提高制动稳定性。 （ ）

9．ESP 的执行器是两个前轮制动系统。 （ ）

10．装备有 ESP 的汽车其制动系统具有蓄压功能。 （ ）

四、简答题

1．ABS 的作用是什么？

2．ABS 有哪些重要组成结构？

3．车轮转速传感器的作用是什么？

4．什么是 ESP？

单元八 汽车电气

课题1 电源系统

一、填空题

1. 现代汽车电气设备的种类和数量很多，大致可以分为______、____________和____________，由它们构成全车电路。

2. 传统燃油汽车电源系统主要由_________、_________、_______________及与发电机匹配的_______________等组成。

3. 电动汽车电源系统主要由_______________、___________________、__________________等组成。

4. 当发电机电压高于蓄电池电压时，蓄电池作为发电机的负载，将发电机发出的一部分______转变成_________储存起来。

5. 酸性电池可分为_____________________、__________________、____________________等。

6. 镍镉蓄电池具有_________、________________、_________、充电时间短（比一般电池至少快___倍）、循环寿命可达到_________等优点。

7. 锂离子电池具有________________、_________、_________、________________的优势，但同时也有着____________及_______________的缺点，其在主流电动汽车上应用广泛。

8. 蓄电池由__________________________、______、__________、外壳、连接条、____________等部分组成。

二、选择题

1. 下列属于电源装置的是（　　）。

A. 前雾灯　　B. ABS 控制单元

C. 交流发电机　　D. 汽车空调压缩机

2. 正常工作时，动力蓄电池通过（　　）将高压电转化为低压电，向整车用电设备供电。

A. DC-DC 转换器　　B. 线束

C. 交流发电机　　D. 启动机

3．下列不属于传统燃油汽车蓄电池作用的是（　　）。

A．给起动机供电　　B．控制高压上电

C．供电给各用电设备　　D．平缓电路中所产生的电压波动

4．酸性电池的电解液一般为（　　）。

A．盐溶液　　B．氢氧化钾溶液

C．氢氧化钠溶液　　D．硫酸溶液

5．在汽车行驶过程中，由（　　）向除了起动机以外的所有用电设备提供电源，并向蓄电池充电。

A．发电机　　B．发动机

C．空调压缩机　　D．12 V 蓄电池

6．三相交流发电机的转子总成由（　　）、集电环、爪极、励磁绕组等组成。

A．铁芯　　B．转子轴

C．二极管　　D．电刷

7．交流发电机转子总成的作用是（　　）。

A．产生交流电动势　　B．带动带轮旋转

C．切割定子　　D．产生旋转的磁场

8．交流发电机定子总成的作用是（　　）。

A．产生交流电动势　　B．带动带轮旋转

C．整流　　D．使励磁绕组通电

9．交流发电机三相整流器的作用是（　　）。

A．产生交流电动势　　B．产生磁场

C．将交流电转为直流电　　D．产生旋转的磁场

10．（　　）用于为发电机提高散热能力。

A．前端盖　　B．风扇

C．带轮　　D．后端盖

三、判断题

1．蓄电池、发电机与汽车用电设备是串联的。（　　）

2．发动机正常工作时，发电机只向蓄电池充电。（　　）

3．免维护蓄电池又称 MF 蓄电池，在使用期限内无需进行日常维护，且具有自放电少、耐过度充电性好、电解液中水的损耗少等优点。（　　）

4．酸性蓄电池的电解液为纯净的氢氧化钠或氢氧化钾溶液，其极板上的主要成分是镍，特点是使用寿命长、自放电少、质量小，但导电性差、成本高。（　　）

5．12 V 蓄电池一般由 6 个单格电池串联而成，每个单格电池额定电压为 2 V。（　　）

6．现代燃油汽车采用交流发电机作为主要电源，蓄电池作为辅助电源。（　　）

7．三相同步交流发电机由转子总成、定子总成、三相整流器、带轮、风扇、前后端盖和电压调节器等部件组成。（　　）

8．三相整流器由整流板和整流二极管组成，6 管交流发电机的整流器是由 6 只硅整流二极管分别压装（或焊装）在相互绝缘的两块板上组成的，其中一块为正极板（带有输出端螺栓），另一块为负极板。（　　）

9．电刷总成由电刷、电刷架和电刷弹簧组成。两个电刷分别装在电刷架的孔内，借助弹簧压力与滑环保持接触。（　　）

10．电压调节器的作用是保持发电机在转速和负荷变化时输出稳定的电压。（　　）

四、简答题

1．简述干式荷电蓄电池使用的注意事项。

2．简述镍氢蓄电池的特点。

3．什么是锂离子电池?

4．简述电池管理系统的作用。

课题2 起动系统

一、填空题

1. 起动系统一般由________、________、________、____________等组成。

2. 起动机由____________________、________、__________三部分组成。

3. 电枢是直流电动机的_____部分，包括_______、______、铁芯、_____等。

4. 直流串励式电动机励磁基座中定子与转子铁芯形成________，4个励磁线圈可互相_____后再与电枢绕组_____，也可两两_____后_____再与电枢绕组_____。

5. 直流串励式电动机电刷由_____与________压制而成，呈棕红色。

6. 传动机构主要由_____________、___________、__________等组成。

7. 起动系统控制装置主要由__________和______组成。

8. 直流串励式电动机电刷架上装有弹性较好的________。

9. 直流串励式电动机机壳的前端盖上有_______，盖口有_____和________。

10. 直流串励式电动机机壳由________、_____、________组成。

二、选择题

1. 起动机的作用是将蓄电池的电能转变为（　　），驱动发动机使其启动。

A. 机械能　　B. 化学能　　C. 电能　　D. 热能

2. 起动机磁极一般由（　　）个低碳钢板制成，其内端部扩大为极掌形。

A. 2　　B. 4　　C. 6　　D. 8

3. 电刷置于电刷架中，正电刷与（　　）的末端相连，负电刷通过负极刷架搭铁。

A. 端盖　　B. 机壳

C. 电枢　　D. 励磁绕组

4. 电刷架上装有弹性较好的（　　）弹簧。

A. 螺旋形　　B. 图形　　C. 盘形　　D. 碟形

5. 前、后端盖均压装有青铜石墨轴承套或铁基含油轴承套，外围有（　　）个或（　　）个组装螺纹孔。

A. 2　4　　B. 4　6　　C. 2　6　　D. 4　8

6. 传动机构的作用是在发动机启动时，将直流电动机的转矩传递给发动机（　　）。

A. 曲轴　　B. 活塞　　C. 飞轮　　D. 连杆

7. 实现起动机传动机构与飞轮齿圈的啮合与分离的是（　　）。

A. 电枢　　B. 单向离合器

C．拨叉　　　　D．控制装置

8．与飞轮啮合的小齿轮没有及时回位的情况下，保护起动机不被飞轮反拖的是（　　）。

A．控制装置　　B．电枢　　C．传动机构　　D．磁极

9．下列不属于传动机构的是（　　）。

A．单向离合器　　B．拨叉　　C．减速机构　　D．驱动齿轮

10．下列属于控制装置的是（　　）。

A．拨叉　　B．减速机构

C．驱动齿轮　　D．单向离合器

三、判断题

1．起动机安装在发动机飞轮壳上，依靠驱动齿轮带动发动机飞轮齿圈旋转从而启动发动机。（　　）

2．直流串励式电动机主要由电枢、励磁基座、电刷架、机壳等组成。（　　）

3．为了获得足够的转矩，通过电枢绕组的电流一般很大，因此，电枢一般采用较粗的矩形裸铜线绕制而成。（　　）

4．每个磁极上绕有励磁绕组，两对磁极相对交错安装在电动机定子内壳上。（　　）

5．电刷架一般采用框式结构，其中正极刷架通过机壳搭铁，负极刷架与端盖绝缘。（　　）

6．起动机端盖分前、后两个，前端盖由灰铸铁浇铸而成，后端盖由钢板压制而成。（　　）

7．电刷装在前端盖内，后端盖上有拨叉座，盖口有凸缘和安装螺纹孔，还有拧紧中间轴承板的螺钉孔。（　　）

8．当发动机依靠自身运转的惯性而进入连续不断地吸气、压缩、做功、排气循环时，则认为发动机已完全启动。（　　）

9．控制装置主要由电磁开关和拨叉组成。（　　）

10．汽车发动机无需依靠外力即可自行启动。（　　）

四、简答题

1．简述发动机启动的原理。

2. 简述起动机传动机构的作用。

3. 简述起动机控制装置的作用。

课题3 点火系统

一、填空题

1. 电子点火系统由____________、_________、____________、分电器、点火控制器、火花塞和点火信号发生器等组成。

2. 计算机控制单元根据各种_________提供的反映_______________的信息，发出点火控制信号。

3. _________将高压电分配到各缸火花塞。

4. 点火线圈和由半导体器件（晶体三极管）组成的点火控制器将电源提供的_________转变为_________。

5. 点火线圈是由____________、____________、铁芯等组成的_________。

6. 火花塞的放电部分为____________和_________。

7. 高压导线由_______________和_______________组成。

二、选择题

1.（　　）将低压电转变为高压电。

A. 分电器　　B. 传感器

C. 火花塞　　D. 点火控制器

2. 点火线圈能产生（　　）的高压电。

A. 8 ~ 11 kV　　B. 10 ~ 12 kV

C. 15 ~ 30 kV　　D. 30 ~ 40 kV

3．火花塞间隙一般为（　　）。

A．0.6 ~ 0.8 mm　　B．0.2 ~ 0.25 mm

C．0.8 ~ 1 mm　　D．0.4 ~ 0.6 mm

4．火花塞的击穿电压为（　　）。

A．10 ~ 12 kV　　B．6 ~ 8 kV　　C．8 ~ 10 kV　　D．12 ~ 16 kV

5．（　　）发出点火控制信号，控制点火时刻。

A．分电器　　B．传感器

C．火花塞　　D．计算机控制单元

6．（　　）两电极之间产生电火花，点燃可燃混合气。

A．分电器　　B．传感器

C．火花塞　　D．计算机控制单元

7．以下不属于分电器组成的是（　　）。

A．断电器　　B．点火控制器　　C．电容器　　D．配电器

8．（　　）控制点火线圈初级绕组的通电或断电。

A．传感器　　B．分电器　　C．点火控制器　　D．火花塞

三、判断题

1．电子点火系统以蓄电池为电源。（　　）

2．计算机控制点火系统以蓄电池和发电机为电源。（　　）

3．分电器包括断电器、配电器、电容器和点火提前装置。（　　）

4．汽车上应用较多的是无触点式分电器和无分电器的点火系统。（　　）

5．各缸高压线用于将点火线圈产生的高压电送到分电器盖插孔。（　　）

6．中央高压线用于将点火高压电从分电器盖的旁电极插孔传至火花塞。（　　）

7．计算机控制点火系统是新型的点火系统，已广泛应用于各种中、高级轿车中。（　　）

8．计算机控制点火系统可以取消分电器，由计算机控制单元直接将高压电分配给各缸。（　　）

四、简答题

1．简述电子点火系统的工作过程。

2．简述点火线圈的工作过程。

3．简述火花塞的作用。

4．简述点火控制器的作用。

课题4 附属电器

一、填空题

1．__________用来照亮前方道路、车厢内部、行李舱，以及为夜间汽车检修提供照明等。

2．__________用以汽车在转弯、倒车、制动等时候，发出灯光或声音信号，使前后车辆及行人得知汽车的行驶方向。

3．组合前照灯安装在汽车前部，与地面平行，主要由________、________、________、________等组成。

4．汽车使用的前照灯有__________、__________和__________三种类型。

5．组合前照灯开关为多功能开关，通过_____、_____和_____可以控制前照灯近光、远光及示宽灯、转向灯、雾灯等操作。

6．组合尾灯一般包括________、________和________等。

7．现代汽车附属电器一般有__________、__________、__________、__________、__________、组合仪表、电动后视镜、__________及其他电器元件。

8．__________安装在每个车门的中部或车门把手上，用于乘坐人员操纵门窗。

9．电动后视镜每个电动机带有一个__________的电路断路器，当后视镜到达行程的__________时，电路断路器就会将电路_____。

10．安全气囊由折叠好的______、________、_____________、备用电源和相应的线束连接而成。

二、选择题

1．下列属于信号装置的是（　　）。

A．前照灯　　B．前雾灯　　C．制动灯　　D．以上都对

2．下列属于照明装置的是（　　）。

A．前照灯　　B．制动灯　　C．转向灯　　D．后雾灯

3．组合前照灯主要用于夜间行车时道路照明，灯光为（　　）。

A．黄色　　B．白色　　C．红色　　D．以上都不对

4．以下电气元件不属于音响系统的是（　　）。

A．收音机　　B．车门扬声器

C．天线　　D．雨刮电动机

5．（　　）不仅能减轻驾驶员以及乘客的疲劳程度，并且可以直接帮助他们了解信息，提高乘坐的舒适性。

A．照明系统　　B．音响系统

C．雨刮清洗系统　　D．组合仪表

6．（　　）是驾驶员操纵电动车窗的控制系统。

A．电动车窗开关　　B．电动车窗升降调节器

C．电动门锁　　D．电动机

7．按下驾驶员座位锁扣时，其他几个车门及行李舱门都能（　　）。

A．个别打开　　B．同时打开

C．个别锁定　　D．自动锁定

8．（　　）用来指示汽车运动以及发动机运转的状态。

A．组合仪表　　B．音响系统

C．信号装置　　D．照明装置

9．下列不属于其他电气元件的是（　　）。

A．点火开关　　B．扬声器　　C．雨刮　　D．车门把手

10．下列不属于组合仪表的是（　　）。

A．转速表　　B．里程表　　C．点火开关　　D．水温表

三、判断题

1．为了保障汽车行驶和道路安全，以及满足汽车的使用要求，在汽车上都装有各种照明装置及信号装置。（　　）

2．汽车的外部尾灯系统多组合在一起，又称组合尾灯。（　　）

3．前照灯主要是为了提醒后方的车辆和行人，标示车辆或驾驶员的行驶信息。（　　）

4．电动车窗开关一般安装在左前车门把手上或变速操纵杆附近。（　　）

5．按下驾驶员座位锁扣时，其他几个车门还能打开。（　　）

6．按下驾驶员座位锁扣后，无法用钥匙开门。（　　）

7．驾驶员可通过信号装置随时了解各系统的工作情况，保证汽车安全而可靠地行驶。（　　）

8．通过后视镜控制开关交换电动机电路的极性来改变电动机的转动方向。（　　）

9．安全气囊是一种主动安全装置。（　　）

10．如果在车内想打开个别车门时，分别拉开各自的锁扣即可。（　　）

四、简答题

1．简述雨刮清洗系统的作用。

2．简述电动车窗升降调节器的作用。

3．什么是安全气囊？

4．简述安全气囊起保护作用的原理。

课题5 空调系统

一、填空题

1．汽车空调包括____________、____________、通风装置和空气净化装置。

2．空调控制系统有____________与____________之分。

3．____________只需驾驶员输入目标温度，空调系统便可按驾驶员的设定自动进行调节。

4．空调制冷装置由__________________、__________、储液干燥器、_________、蒸发器和鼓风机等组成。

5．_________将制冷剂由低压气态通过______变为高温高压气态。

6．_________将高温高压气态制冷剂______为高温高压液态制冷剂。

7．________通过_______使高温高压液态制冷剂变为低温低压液态制冷剂。

8．低温低压液态制冷剂在_________里吸热，进行_________，变成低温低压气态，再回到_________。

9．汽车空调暖风装置可分为_____________________和_____________________。

10．汽车空调通风装置可分为____________和____________。

二、选择题

1．（　　）用以提高车内温度。

A．暖风装置　　B．制冷装置

C．通风装置　　D．空气净化装置

2．（　　）用以降低车内的温度，并降低车内的湿度。

A．暖风装置　　B．制冷装置

C．通风装置　　D．空气净化装置

3．（　　）用以调节车内空气的气流和换气。

A．暖风装置　　B．制冷装置

C．通风装置　　D．空气净化装置

4．（　　）用以调节过滤空气及对空气进行消毒处理。

A．暖风装置　　B．制冷装置

C．通风装置　　D．空气净化装置

5．（　　）吸入低温低压的制冷剂气体，把它压缩成高温高压的气体并排出。

A．蒸发器　　B．压缩机　　C．冷凝器　　D．膨胀阀

6．高温高压的制冷剂气体进入（　　），由于压力及温度的降低，制冷剂气体冷凝

成液体，并放出大量的热。

A．蒸发器　　B．压缩机　　C．冷凝器　　D．膨胀阀

7．温度和压力较高的制冷剂液体通过（　　）后体积变大，压力和温度急剧下降，以雾状（细小液滴）排出。

A．蒸发器　　B．压缩机　　C．冷凝器　　D．膨胀阀

8．雾状制冷剂液体进入（　　），因此时制冷剂沸点远低于（　　）内温度，因此制冷剂液体蒸发成气体。

A．蒸发器　　B．压缩机　　C．冷凝器　　D．膨胀阀

9．下列属于暖风装置的是（　　）。

A．蒸发器　　B．压缩机

C．冷凝器　　D．热交换器

10．下列不属于风暖式暖风装置组成零部件的是（　　）。

A．加热器芯　　B．发动机排气管

C．废气阀门　　D．热交换器

三、判断题

1．手动空调需要驾驶员通过旋钮或拨杆对控制对象进行调节，如温度等。（　　）

2．制冷剂液体蒸发过程中大量释放热量，而后低温低压的制冷剂蒸气又进入压缩机。（　　）

3．压缩机排出的是液态制冷剂。（　　）

4．从蒸发器出来的是高温高压的气态制冷剂。（　　）

5．从冷凝器出来的是高温高压的液态制冷剂。（　　）

6．储液干燥器进出口的制冷剂状态并没有发生改变。（　　）

7．从膨胀阀出来的是低温低压的气态制冷剂。（　　）

8．风暖式取暖装置在发动机的排气管上安装热交换器用于加热空气。（　　）

9．水暖式暖风装置利用的是发动机冷却液的热量。（　　）

10．空调制冷装置工作过程中的放热过程是高温高压的制冷剂气体进入冷凝器，由于压力及温度的降低，制冷剂气体冷凝成液体，并放出大量的热。（　　）

四、简答题

1．什么是空调？

2．简述空调制冷装置的工作过程。

3．简述储液干燥器的作用。

4．简述水暖式暖风装置的工作原理。

综合试卷（一）

一、填空题（每空 1 分，共 20 分）

1．敞篷车车顶可为________顶或________顶。

2．车辆识别代号由______和______________组成。

3．按照完成一个工作循环所需的行程数分为_________内燃机和_________内燃机。

4．气缸体和上曲轴箱通常制成一体，由_________或_________铸造。

5．配气机构的作用是定时______和______各气缸的进、排气门。

6．汽油机燃料供给系统的作用是根据发动机不同工况的要求，给气缸提供不同浓度和数量的______和______的可燃混合气。

7．闭式喷油器主要有______和_________两种。

8．机油泵分_________机油泵和_________机油泵。

9．冷却系分________冷和________冷。

10．万向传动装置由_________和_________组成。

二、单项选择题（每题 1.5 分，共 30 分）

1．(　　)将低压电转变为高压电。

A．分电器　　B．传感器

C．火花塞　　D．点火线圈

2．点火线圈能产生（　　）的高压电。

A．8 ~ 11 kV　　B．10 ~ 12 kV

C．15 ~ 30 kV　　D．30 ~ 40 kV

3．下列属于暖风装置的是（　　）。

A．蒸发器　　B．压缩机

C．冷凝器　　D．热交换器

4．下列不属于风暖式暖风装置组成零部件的是（　　）。

A．加热器芯　　B．发动机排气管

C．废气阀门　　D．热交换器

5．下列不属于其他电气元件的是（　　）。

A．点火开关　　B．扬声器

C．雨刮　　D．车门把手

6. 下列不属于组合仪表的是（　　）。

A. 转速表　　B. 里程表

C. 点火开关　　D. 水温表

7. 以下不属于分电器组成的是（　　）。

A. 断电器　　B. 断电控制器

C. 电容器　　D. 配电器

8.（　　）控制点火线圈初级绕组的通电或断电。

A. 传感器　　B. 分电器

C. 点火控制器　　D. 火花塞

9. 下列不属于传动机构的是（　　）。

A. 单向离合器　　B. 拨叉

C. 减速机构　　D. 驱动齿轮

10. 下列属于控制装置的是（　　）。

A. 拨叉　　B. 减速机构

C. 驱动齿轮　　D. 单向离合器

11. 交流发电机三相整流器的作用是（　　）。

A. 产生交流电动势　　B. 产生磁场

C. 将交流电转为直流电　　D. 产生旋转的磁场

12.（　　）用于为发电机提高散热能力。

A. 前端盖　　B. 风扇　　C. 带轮　　D. 后端盖

13. 电磁式轮速传感器主要由前轮转速传感器和（　　）两部分组成。

A. 驱动轮　　B. 脉冲轮

C. 转向轮　　D. 轮毂

14. EBD 能够根据汽车制动时产生轴荷转移的不同，而自动调节前、后轴的制动力分配比例，并配合（　　）提高制动稳定性。

A. ABS　　B. EBD　　C. ESP　　D. ASR

15. 盘式制动器的制动钳固定在（　　）上。

A. 传动轴　　B. 转向节

C. 转向节臂　　D. 制动盘

16. 盘式制动器的制动钳内装有活塞，活塞后面有充满制动液的（　　）。

A. 制动主缸　　B. 制动轮缸

C. 凸轮　　D. 油管

17.（　　）把旋转方向的力转换成直线方向的力。

A. 转向器　　B. 转向轴

C. 转向横拉杆　　D. 转向节

18．下列不属于电动动力转向系结构组成的是（　　）。

A．动力转向泵　　B．直流电动机

C．转矩传感器　　D．减速机构

19．下列不属于转向传动机构的是（　　）。

A．转向摇臂　　B．转向盘

C．右转向节　　D．左转向节

20．下列属于转向操纵机构的是（　　）。

A．转向器　　B．转向轴

C．转向节臂　　D．转向直拉杆

三、判断题（每题1分，共10分）

1．高级乘用车前后座之间不可设隔板。（　　）

2．一般来讲，整车装备质量大的汽车高速行驶时的稳定性好，特别是急转弯或紧急制动的时候，优势很明显。（　　）

3．四行程柴油机在进气行程和压缩行程中使用的都是纯空气而不是可燃混合气。（　　）

4．油环用来刮除气缸壁上多余的润滑油，并在气缸壁上布上一层均匀的油膜。（　　）

5．气门顶置式、凸轮轴上置式配气机构应用最为广泛。（　　）

6．发动机转速是确定燃油供给量的主参数。（　　）

7．柴油滤清器的作用是除去柴油中的尘土、水分或其他机械杂质以及由于温度变化或接触空气而从柴油中析出的少量石蜡。（　　）

8．润滑系可以起防锈蚀的作用。（　　）

9．小排量发动机及军车发动机一般采用水冷发动机。（　　）

10．增程式混合动力汽车的发动机仅用于发电。（　　）

四、简答题（共40分）

1．汽车底盘有什么作用？（6分）

2．什么是汽车的接近角，对汽车有什么影响？（6分）

3．汽车发动机由哪两个机构和哪五个系统组成？（6 分）

4．飞轮的主要作用是什么？（6 分）

5．凸轮轴的作用是什么？（8 分）

6．空气滤清器有什么作用？（8 分）

综合试卷（二）

一、填空题（每空 1 分，共 20 分）

1．汽车传动系分为______式传动系统和____________式传动系统。

2．离合器是汽车传动系中一个重要的部件，主要用来______或______动力的传递。

3．汽车变速器可以在较大范围内改变汽车的____________和汽车驱动轮上的____________。

4．行星齿轮式自动变速器由____________机构和____________机构组成。

5．万向传动装置一般由两个_________和一根_________组成。

6．驱动桥分为______式驱动桥和______式驱动桥。

7．车架同时承受来自______和______的各种静、动载荷。

8．悬架是______（或车身）与______（或车轮）之间的一切传力连接装置的总称。

9．按轮辐的构造，车轮可分为______式和______式两种。

10．汽车转向系的作用是在驾驶员的操纵下______或______汽车行驶的方向。

二、单项选择题（每题 1.5 分，共 30 分）

1．矿山、建筑工地等路面适宜使用（　　）轮胎。

A．普通花纹　　B．越野花纹

C．混合花纹　　D．以上都对

2．城市、乡村之间路面行驶的汽车适宜使用（　　）轮胎。

A．普通花纹　　B．越野花纹

C．混合花纹　　D．以上都对

3．（　　）用于去除压缩空气中的水分。

A．空气压缩机　　B．干燥器

C．排气阀　　D．以上都不对

4．干燥器滤出的空气水分通过（　　）排掉。

A．空气压缩机　　B．干燥器

C．排气阀　　D．进气阀

5．前置后驱汽车的前桥是（　　）。

A．支持桥　　B．驱动桥

C．转向桥　　D．转向驱动桥

6. 前置后驱汽车的后桥是（　　）。

A. 支持桥　　B. 驱动桥

C. 转向桥　　D. 转向驱动桥

7. 双级主减速器跟单级主减速器相比，能使汽车产生（　　）的驱动力。

A. 一样　　B. 更大

C. 更小　　D. 以上都不对

8.（　　）是差速器的主要组成零件之一。

A. 万向节　　B. 半轴

C. 行星齿轮　　D. 驱动桥壳

9. 自动变速器的油泵在（　　）情况下停止工作。

A. 行驶　　B. 怠速

C. 加速　　D. 以上都不对

10. 自动变速器中的液压控制系统主要起（　　）作用。

A. 冷却　　B. 润滑

C. 换挡　　D. 以上都不对

11. 手动变速器通过改变齿轮的（　　）达到改变车速的目的。

A. 数量　　B. 传动比

C. 速度　　D. 以上都对

12. 应用广泛的同步器类型是（　　）同步器。

A. 常压式　　B. 惯性式

C. 自行增力式　　D. 摩擦式

13. 在液压式离合器操纵机构中，推动分离叉的是（　　）。

A. 绳索　　B. 离合器分泵

C. 离合器总泵　　D. 分离轴承

14. 离合器的压盘组件是安装在（　　）上的。

A. 飞轮　　B. 差速器

C. 发动机　　D. 变速器

15.（　　）形式的汽车操纵机构简单。

A. 前置后驱　　B. 前置前驱

C. 后置后驱　　D. 四轮驱动

16.（　　）可以提高汽车的行驶能力。

A. 前置后驱　　B. 前置前驱

C. 后置后驱　　D. 四轮驱动

17.（　　）是冷却液温度高时，冷却液经过散热器而进行的循环流动。

A. 大小循环同时进行　　B. 大循环

C．小循环　　D．以上都不对

18．发动机冷却系统进行小循环的目的是使冷却液温度（　　）。

A．保持不变　　B．升高

C．降低　　D．以上都可能

19．集滤器一般安装在机油泵的（　　）。

A．前面　　B．后面

C．与机油泵一体　　D．以上都不对

20．在机油压力（　　）情况下，仪表盘上的指示灯会点亮警告灯。

A．不足　　B．过高

C．正常　　D．以上都不对

三、判断题（每题1分，共10分）

1．离合器主动部分与变速器相连，从动部分与飞轮相连，由驾驶员通过脚踩踏板来操纵。（　　）

2．汽车倒车的时候是通过改变发动机的旋转方向来实现的。（　　）

3．自动变速器起步平稳，能以很低的速度稳定行驶。（　　）

4．十字轴式刚性万向节属于不等速万向节。（　　）

5．驱动桥具有减速增扭的作用。（　　）

6．承载式车身没有单独的车架。（　　）

7．采用独立悬架的汽车当一侧车轮因道路不平而发生跳动时，必然引起另一侧车轮在汽车横向平面内发生摆动。（　　）

8．辐条式车轮一般仅用于赛车和某些高级轿车上。（　　）

9．转向传动机构的作用是将转向盘的转动变为齿条轴的直线运动或转向摇臂的摆动，降低传动速度，增大转向力矩并改变转向力矩的传动方向。（　　）

10．插电式混合动力汽车可以采用外充的方式补充电能。（　　）

四、简答题（共40分）

1．燃油供给装置主要由哪些部件组成？（6分）

2．润滑系主要由哪些部件组成？（6分）

3．简述冷却系的作用。（6分）

4．简述汽车传动系的作用。（6分）

5．液压式离合器操纵机构主要由哪些部分组成？（8分）

6．简述变速器的作用。（8分）

综合试卷（三）

一、填空题（每空1分，共20分）

1．转向操纵机构主要由________、________等组成。

2．动力转向系由______________和________________组成。

3．普通制动系一般由________和__________两个主要部分组成。

4．车轮转速传感器主要由____________________和________两部分组成。

5．现代汽车电气设备的种类和数量很多，大致可以分为_____、__________和配电装置，由它们构成全车电路。

6．起动系统控制装置主要由__________和_____组成。

7．计算机控制单元根据各种________提供的反映_____________的信息，发出点火控制信号。

8．组合前照灯安装在汽车前部，与地面平行，主要由________、________、示宽灯、转向灯等组成。

9．汽车空调包括__________、__________、通风装置和空气净化装置。

10．________通过节流使高温高压液态制冷剂变为________________制冷剂。

二、单项选择题（每题1.5分，共30分）

1．（　　）负责向喷油器提供高压柴油。

A．调速器　　B．喷油器　　C．喷油泵　　D．输油泵

2．输油泵的种类较多，比较常见的是（　　）。

A．转子式　　B．滑片式　　C．活塞式　　D．齿轮式

3．电动燃油泵是电控燃油喷射系统的（　　）。

A．电控单元　　B．传感器

C．执行器　　D．以上都不对

4．空气流量计是电控燃油喷射系统的（　　）。

A．电控单元　　B．传感器　　C．执行器　　D．以上都不对

5．（　　）主要是起导向作用，保证气门做直线往复运动，使气门与气门座能正确贴合。

A．气门座　　B．气门

C．气门导管　　D．气门弹簧

6. 以下不属于配气机构传动方式的是（　　）。

A. 齿轮传动　　B. 齿形皮带传动

C. 电动机传动　　D. 链传动

7. 上曲轴箱是（　　）的活动空间。

A. 活塞　　B. 曲轴　　C. 连杆　　D. 气门

8. 机体必须要有足够的（　　）。

A. 空间　　B. 强度和刚度

C. 厚度　　D. 宽度

9.（　　）发动机一般采用压燃式。

A. 汽油　　B. 柴油　　C. 煤油　　D. 以上都是

10. 现代汽车的发动机冷却一般采用（　　）。

A. 风冷式　　B. 水冷式

C. 油冷式　　D. 无需冷却

11. 一般来讲，整车装备质量大的汽车使用成本（　　）。

A. 减少　　B. 增加

C. 不变　　D. 以上都有可能

12. 汽车的轴距大小直接影响汽车的（　　）。

A. 长度　　B. 宽度　　C. 速度　　D. 高度

13.（　　）是一种牵引杆式挂车的货车，它本身可在附属的载运平台上运载货物。

A. 全挂牵引车　　B. 越野货车

C. 多用途货车　　D. 专用作业车

14.（　　）用于容纳驾驶员、乘客和货物，并构成汽车的外壳。

A. 车身　　B. 发动机

C. 电气　　D. 底盘

15. 车辆识别代号的第（　　）位用于识别汽车的生产年份。

A. 8　　B. 9　　C. 10　　D. 11

16. 车辆识别代号的 WMI 部分总共有（　　）位。

A. 3　　B. 4　　C. 5　　D. 6

17.（　　）用以提高车内温度。

A. 暖风装置　　B. 制冷装置

C. 通风装置　　D. 空气净化装置

18.（　　）用以降低车内的温度，并降低车内的湿度。

A. 暖风装置　　B. 制冷装置

C. 通风装置　　D. 空气净化装置

19. 下列属于信号装置的是（　　）。

A．前照灯　　B．前雾灯

C．制动灯　　D．以上都对

20．下列属于照明装置的是（　　）。

A．前照灯　　B．制动灯

C．转向灯　　D．后雾灯

三、判断题（每题 1 分，共 10 分）

1．鼓式制动器一般用在后轮。（　　）

2．ABS 已成为汽车上的标准装备。（　　）

3．蓄电池、发电机与汽车用电设备是串联的。（　　）

4．起动机安装在发动机飞轮壳上，依靠驱动齿轮带动发动机飞轮齿圈旋转从而启动发动机。（　　）

5．电子点火系统以蓄电池为电源。（　　）

6．为了保障汽车行驶和道路安全，以及满足汽车的使用要求，在汽车上都装有各种照明装置及信号装置。（　　）

7．手动空调需要驾驶员通过旋钮或拨杆对控制对象进行调节，如温度等。（　　）

8．汽车的外部尾灯系统多组合在一起，又称组合尾灯。（　　）

9．曲轴飞轮组主要由曲轴和飞轮以及其他零件和附件等组成。（　　）

10．增程式混合动力汽车可以采用外充的方式补充电能。（　　）

四、简答题（共 40 分）

1．行星齿轮式自动变速器中的离合器的作用是什么？（6 分）

2．简述万向传动装置的作用。（6 分）

3．简述差速器的作用。（6 分）

4. 简述悬架的作用。（6 分）

5. 转向器的作用是什么？（8 分）

6. 什么是动力转向系？（8 分）

综合试卷（四）

一、填空题（每空 1 分，共 20 分）

1. 汽车发动机的润滑方式有______润滑、______润滑和定期润滑三种方式。

2. 冷却水在冷却系内的循环流动路线有两条：一条为_________，另一条为____________。

3. 常用的离合器有______________弹簧离合器和______弹簧离合器。

4. 二轴式手动变速器的第一轴为_________，第二轴为_________。

5. 行星齿轮式自动变速器的换挡执行机构主要有_________、_________和单向离合器等。

6. 差速器主要由差速器壳、_______________、____________、半轴齿轮等组成。

7. 汽车车架按其结构形式可分为______式、______式、综合式。

8. 电子控制悬架由感应汽车运行状况的各种_________、__________________及执行机构等组成。

9. 有内胎充气轮胎主要由______、______和垫带组成。

10. 汽车转向系可分为_______________和_______________。

二、单项选择题（每题 1.5 分，共 30 分）

1.（　　）发出点火控制信号，控制点火时刻。

A．分电器　　B．传感器

C．火花塞　　D．计算机控制单元

2.（　　）两极之间产生电火花，点燃可燃混合气。

A．分电器　　B．传感器

C．火花塞　　D．计算机控制单元

3. 实现起动机传动机构与飞轮齿圈的啮合与分离的是（　　）。

A．电枢　　B．单向离合器

C．拨叉　　D．控制装置

4. 在与飞轮啮合的小齿轮没有及时回位的情况下，保护起动机不被飞轮反拖的是（　　）。

A．控制装置　　B．电枢

C．传动机构　　D．磁极

5．酸性电池的电解液一般为（　　）。

A．盐溶液　　B．氢氧化钾溶液

C．氢氧化钠溶液　　D．硫酸溶液

6．在汽车行驶过程中，由（　　）向除了起动机以外的所有用电设备提供电源，并向蓄电池充电。

A．发电机　　B．发动机

C．空调压缩机　　D．12 V 蓄电池

7．电磁式轮速传感器主要由前轮转速传感器和（　　）两部分组成。

A．驱动轮　　B．脉冲轮

C．转向轮　　D．轮毂

8．下列属于 ABS 结构组成的是（　　）。

A．后轮转速传感器　　B．偏转比率传感器

C．纵向加速度传感器　　D．转向角传感器

9．气压式制动传动装置中的安全阀也称为（　　）。

A．气压阀　　B．控制阀　　C．液压阀　　D．限压阀

10．由发动机通过传动带驱动，产生压缩空气，向储气罐充气的部件是（　　）。

A．空气压缩机　　B．储气罐

C．制动控制阀　　D．制动气室

11．所有导体产生的（　　）作用于转子，使转子绕电动机轴旋转，以便拖动机械负载。

A．电流　　B．磁吸力　　C．电磁力　　D．电阻

12．（　　）提供给电子控制单元一个转向角和转向转矩信号。

A．转矩传感器　　B．电动机转子

C．涡轮　　D．转向节

13．悬架中必须加装（　　），用于衰减因冲击而产生的振动。

A．减振器　　B．螺旋弹簧

C．导向机构　　D．以上都对

14．空气压缩机是属于（　　）。

A．传感器　　B．执行机构

C．电子控制单元　　D．以上都不对

15．驱动桥中能使两侧半轴转速不同的元件是（　　）。

A．差速器　　B．半轴

C．主减速器　　D．驱动桥壳

16．发动机横向布置时，主减速器（　　）改变动力的传递方向。

A．按 90°　　B．不需要　　C．部分　　D．按 180°

17. 制动器的作用是将行星排中的太阳轮、齿圈、行星架三个基本元件中的（　　）个加以固定，使之不能旋转。

A. 一　　B. 两　　C. 三　　D. 四

18. 以下（　　）是无级变速器的英文简称。

A. AMT　　B. AT　　C. DSG　　D. CVT

19. 发动机前置后轮驱动的汽车一般采用的手动变速器是（　　）。

A. 一轴式　　B. 二轴式　　C. 三轴式　　D. 四轴式

20. 同步器能（　　）齿轮在转速同步之前啮合。

A. 强制　　B. 阻止

C. 帮助　　D. 以上都不对

三、判断题（每题 1 分，共 10 分）

1. 怠速控制阀是电控燃油喷射系统的传感器。（　　）
2. 喷油器向燃烧室喷入雾状柴油。（　　）
3. 机油压力传感器的作用是防止润滑系统损坏。（　　）
4. 发动机冷却液进行小循环时，冷却液不流经散热器。（　　）
5. 四轮驱动的汽车一般用 4×4 或 4WD 来表示。（　　）
6. 液压式离合器操纵机构的踏板推动的是离合器分泵。（　　）
7. 同步器可以延长变速齿轮的使用寿命。（　　）
8. 所有的变速器都是通过改变齿轮的传动比实现换挡的。（　　）
9. 等速万向节和不等速万向节是按连接两轴的角速度是否相等来区分的。（　　）
10. 钢板弹簧是汽车悬架中使用最为广泛的弹性元件。（　　）

四、简答题（共 40 分）

1. 简述液压式制动传动装置的工作原理。（6 分）

2. 简述干式荷电蓄电池的使用注意事项。（6 分）

3．简述离合器的作用。（6分）

4．简述点火控制器的作用。（6分）

5．简述安全气囊起保护作用的原理。（8分）

6．简述水暖式暖风装置的工作原理。（8分）